141 b
3702

Du château de Dijon, ce 24 pluviôse,
l'an 2ᵉ. de la république française,
une et indivisible.

BIBLIOTHÈQUE NATIONALE — IMPRIMÉ — R. F.

ACQ. 46,194
LABÉDOYÈRE

HISTOIRE

De la propagande et des miracles qu'elle a faits à Strasbourg pendant son séjour dans cette commune, dans le mois frimaire de la présente année (1).

L A société populaire de Strasbourg, qui depuis cinq ans n'a pas cessé un instant de bien mériter de la patrie, compte

______

(1) Nous n'entendons parler, sous le nom de propagande, que des missionnaires qui ont fait corps à part et qui n'ont pas obtempéré à la loi qui ordonnoit la dissolution de pareilles réunions.

Lb⁴¹ 3702

en ce moment quarante Jacobins vétérans dans les prisons de la république. Nous sommes de ce nombre ; qu'ont-ils fait ? qu'avons-nous fait ? voilà le problême qui reste à résoudre aux incarcérés et aux sans-culottes de Strasbourg.

On croiroit peut-être , d'après la rigueur avec laquelle on traite les patriotes de cette commune , qu'on a pris des mesures extraordinaires contre les aristocrates , les feuillans , les modérés et les fédéralistes. Eh bien ! on se tromperoit : ces enfans bâtards de la république jouissent à Strasbourg de tous les droits des citoyens , et peuplent depuis un mois la société populaire.

Une liste des hommes suspects a été faite par le comité de sûreté générale du département, elle a été imprimée et affichée ; et ces ennemis de la chose publique restent en place , ils se promenent audacieusement dans les rues de Strasbourg ; tandis que les patriotes les plus chauds , les républicains les plus purs gémissent dans les fers.

D'où vient ce changement qu'on pourroit appeller une contre-révolution , si le peuple français n'étoit pas là pour en imposer aux malveillans? Nous allons le découvrir dans cet écrit, qui ne contiendra que des faits certains.

Monet , maire de Strasbourg, est un jeune homme qui n'a pas vingt-cinq ans. Il ne manque pas de talent; mais il l'emploie plutôt à se maintenir en place, qu'à accélérer la révolution dans cette commune importante. On l'a vu alternativement feuillant , modéré, fédéraliste et montagnard. On l'a vu faire sa cour aux sections , quand elles marchoient sur la ligne de celles de Marseille et de Bordeaux. On l'a vu montagnard après la chûte du parti de l'infâme Brissot. On l'a vu proposer à la société populaire des mesures séveres contre les aristocrates , et ensuite de-

venir leur avocat, leur procurer l'élargissement. On l'a vu dans ces derniers
temps singer les ultra-révolutionnaires,
et s'entretenir dans son cabinet, plusieurs
heures par jour, avec des aristocrates de
l'un et de l'autre sexe. On l'a vu tonner
à la tribune contre les hommes suspects,
voter leur mort ; et le lendemain obtenir
du comité l'élargissement des quatre
plus coupables d'entr'eux.

Majnoni, président du comité de surveillance, a fait avant la révolution une
banqueroute frauduleuse , si frauduleuse , que la veille qu'il la déclara , il
emprunta 2400 liv. d'un pelletier nommé Liebich: Il est encore en contestation
avec le bataillon dont il étoit comman-
dant , pour escamotage d'une somme
de 40000 liv. Ce bataillon est à Besan-
çon , et M. Majnoni , conjointement
avec M. Monet, travaille à la perte des
patriotes de Strasbourg.

Téterel, ci-devant M. *Delettre*, a

long-temps porté le masque du plus pur patriotisme ; mais depuis les mesures révolutionnaires il a quitté son déguisement , il s'est montré poltron , méchant et ambitieux. Il fait en ce moment la cour aux hommes dont il a dit le plus de mal, parce que ces hommes regnent, et qu'ils le protegent.

Voilà les plus implacables ennemis de tous les sans-culottes renfermés de Strasbourg, dont les crimes sont de n'avoir pas voulu partager leurs vues perfides et contre-révolutionnaires.

Environ soixante individus appellés par la société et par une circulaire des représentans du peuple, Lebas et Saint-Just, arrivent à Strasbourg ; ces hommes sont bientôt circonvenus par ces trois êtres malfaisans , et la perte dès sans-culottes de 89 est jurée.

Ces citoyens ont pris à leur arrivée le titre pompeux de *propagande*. Ils se sont affublés d'un costume particulier , en grande robe , longs sabres attachés par-dessus , en moustaches et en bonnet rouge ; ils se promenoient dans les rues , passoient les troupes en revue, les haranguoient et se proclamoient par-tout les patriotes par excellence , la crême des révolutionnaires , et les sauveurs du département du Bas-Rhin.

Ils se logerent tous au college , et le général Dieche leur donna une garde de douze hommes , des plantons, et des ordonnances à cheval pour porter leurs dépêches.

Ces hommes du peuple reçurent un traitement qu'on assure avoir été de 40000 liv. Leurs tables régorgeoient de mets friands ; et cependant ils mirent en réquisition le vin destiné aux braves défenseurs de la patrie , qui avoient cimenté de leur sang la liberté ; le lait dont les nourrices avoient besoin pour alimenter de jeunes enfans ; le sucre ,

le café , le beurre , les œufs , le bois ,
etc. etc.

Plusieurs de ces hommes étoient con-
nus de quelques membres de la société
populaire , pour des royalistes , des
feuillans et des fédéralistes ; et cependant les patriotes purs de 89 , qui n'a-
voient jamais dévié de principes , étoient
obligés d'écouter en silence les jongle-
ries de ces nouveaux apôtres ; ou s'ils
osoient parler , leur voix étoit étouffée
par la majorité et par la force des pou-
mons de *la sainte propagande* , qui les
traitoit de modérés , de feuillans et de
fédéralistes , les menaçoit d'arrestation ,
de déportation , de guillotine , ou d'être
rayés du tableau de la société !

Voici quelques-unes des motions de
ces nouveaux Derviches , auxquelles ils
ont mis le plus d'importance et d'achar-
nement.

Ils ont mis en délibération la déportation des habitans du Bas-Rhin , parce qu'ils ne parlent pas la langue française. M. Monet fut de cet avis : falloit-il aussi que nous, pauvres sans-culottes, chargés de famille , votassions dans ce sens ? falloit-il que nous , hommes du peuple , nous condamnassions celui de Stras-bourg , qui n'est ni moins patriote , ni moins vertueux que celui de toutes les communes de la république , parce-que ces messieurs, à peine arrivés , l'avoient jugé contre-révolutionnaire ? Nous aurions plutôt voté la mort de nos freres , de nos femmes et de nos enfans, que l'infamie et la misere de nos concitoyens !

Un nommé Richard , de Metz , a mis en délibération et a voté la mort de tous les hommes renfermés comme suspects. Ceux d'entre nous qui voterent pour qu'il y eût un tribunal pour les juger , furent qualifiés de gens suspects qu'il falloit renfermer. La propagande força la société à voter individuellement sur cette motion, et annonça que ceux qui n'émettroient pas leur vœu, seroient chassés, et la mort des hommes renfermés comme suspects fut arrêtée.

Un nommé Moreau, portant le prénom de Marat, osa dire à la tribune que la société de Strasbourg et le peuple des galeries étoient tous des contre-révolutionnaires. Il fit la motion expresse de faire construire des maisons d'arrêt, pour les y renfermer!!! Le lendemain, à la lecture du procès-verbal, le secrétaire ayant un peu radouci les expressions de M. Moreau, la propagande fit rétablir la motion dans toute sa crudité, et y donna des développemens qui durent beaucoup flatter les sociétaires et les citoyens des tribunes qui ont le malheur d'habiter Strasbourg.

Un membre de la propagande fit un jour la motion de forcer les juifs à épouser des chrétiennes.

Richard et Delâtre, de Metz, firent la motion que tout prêtre qui ne se déprêtriseroit pas dans les vingt-quatre heures, fût chassé de la société et mis en état d'arrestation. Cette motion fut arrêtée ; le maire de Strasbourg la fit mettre à exécution par le comité de surveillance ; et deux jours après grand nombre de prêtres furent renfermés ! ! !

Un nommé Dubois, de Beaune, ci-devant prêtre, s'est beaucoup distingué parmi ses confreres de la propagande. Il enchérissoit sur toutes les mesures ultra-révolutionnaires. Il avança un jour à la tribune, *qu'il valoit mieux perdre un INNOCENT,* que de manquer *une dénonciation ! ! !*

Delâtre avança dans un discours à la tribune, que Jésus-Christ étoit le plus grand charlatan qui eût jamais existé. Un officier municipal voulut, d'après les principes de J. J. Rousseau, prendre la défense, non de Jésus catholique, apostolique et romain , mais de Jésus sans-culottes, prêchant les principes sacrés de l'égalité et une morale sévere. L'officier municipal fut dénoncé à la société ; la propagande le fit arrêter la même nuit , et conduire à la maison d'arrêt, et de-là à Paris comme un contre-révolutionnaire. Cependant la loi qui invite les citoyens à s'abstenir de toute discussion théologique , étoit proclamée. Qu'est-ce qui avoit enfreint la loi? Certainement ce n'est pas l'officier municipal ! ! !

Delâtre fit la motion d'entrer de nuit chez tous les citoyens, et d'enlever tous leurs souliers ; quelques jours auparavant les citoyens de Strasbourg en avoient fourni près de vingt mille paires à l'armée du Rhin.

La propagande a fait abolir les séances en langue allemande à la société , quoique les vrais sans-culottes de cette commune , cette portion précieuse du

peuple qui a le plus de nerf et de vertus,
ne parlent que cette langue. Au temple
même de raison, le seul culte qui existe
à Strasbourg, la langue allemande a été
proscrite. Comment est-il possible d'instruire, d'éclairer et de persuader un
peuple, en lui parlant une langue qu'il
n'entend pas?

Plusieurs membres de la propagande,
après avoir montré le plus d'acharne-
ment contre les hommes suspects, al-
loient dîner, souper et prendre le café
avec des aristocrates, des bas valets de
Dietrich le guillotiné, et avec des me-
neurs de section. Ils obtinrent même du
maire Monet, malgré l'opposition de
quelques officiers municipaux sans-culottes, l'élargissement de quatre individus regardés depuis long-temps comme les feuillans les plus déterminés,
vendus à la cabale de Dietrich; et ces
mêmes hommes de la propagande se sont
continuellement opposés aux démarches

de nos freres, pour demander le juge-
ment des Jacobins incarcérés.

Voilà ces hommes à grands principes,
ces amans ardens de la liberté et de l'é-
galité, ces adorateurs du peuple, ces
apôtres de la raison et de la vérité, ve-
nus pour nous éclairer et nous instruire!
Avoient-ils d'autre but que celui d'a-
néantir les vertus républicaines, et de
faire triompher les intrigans et les fri-
pons?

Citoyens vertueux, lisez cet écrit qui
ne contient que des vérités, et jugez!

> Les Sans-culottes de 89, qui n'ont
> pas voulu être plus révolution-
> naires que la Convention et le co-
> mité de salut public.

Signé Sans-culottes, MASSÉ, JUNG,
VOIGT, VOLFF (1).

Nota. Nous venons d'apprendre que

----

(1) N'ayant pas connoissance des faits conte-
nus dans cet écrit, j'adhere néanmoins aux principes de mes confreres détenus.   DAUM.

le nommé Richard , de Metz , le même qui a tant fait de bruit dans la société de Strasbourg , vient d'être arrêté dans cette derniere commune par ordre du représentant Faure , et traduit au tribunal de Metz ; on a trouvé dans ses papiers une correspondance avec une chère princesse ! ! !

De l'imprimerie de P. CAUSSE. 2ᵉ.

www.ingramcontent.com/pod-product-compliance
Lightning Source LLC
LaVergne TN
LVHW010130060726
842524LV00005B/1839